I0798732

Cindy Bunch

MUJER DE DIOS

Estudios Bíblicos
GUÍA DE VIDA

10 ESTUDIOS PARA INDIVIDUOS O GRUPOS

Traducido por Jesús Escudero Nava

IVP Español

InterVarsity Press
P.O. Box 1400 | Downers Grove, IL 60515-1426
ivpress.com | email@ivpress.com

Traducción: Jesús Escudero Nava

InterVarsity Press® es la división editorial de InterVarsity Christian Fellowship/USA®. Para más información, visita intervarsity.org.

Diseño de la portada: Faceout Studio, Addie Lutzo
Diseño del interior: Daniel van Loon
Imagen: © Steve Cicero / Corbis Documentary via Getty Images

ISBN 978-1-5140-1384-7 (físico) | ISBN 978-1-5140-1385-4 (digital)

Impreso en los Estados Unidos de América ♾

Library of Congress Cataloging-in-Publication Data
Un récord de catalogo para este libro está disponible de parte de la Biblioteca del Congreso.

32 31 30 29 28 27 26 25 | 12 11 10 9 8 7 6 5 4 3 2 1

CONTENIDO

CÓMO SACAR EL MÁXIMO PROVECHO DE *MUJER DE DIOS*

En una gran conferencia cristiana a la que asistí, una joven oradora afroamericana comenzó su intervención diciendo: «Esta mañana me he mirado en el espejo y he dado gracias a Dios por la hermosa mujer que ha creado».

¿Cuántas de nosotras haríamos —o podríamos hacer— ese tipo de declaración en público?

Mi primer pensamiento fue considerar orgullosa a la oradora. Pensé: *Una actitud así seguramente no es cristiana*. Pero cuanto más lo meditaba, más apreciaba la imagen positiva que emanaba de sí misma. Se trataba de una persona que estaba claramente dispuesta a ser utilizada por Dios. Me di cuenta de que era mi actitud la que necesitaba una revisión.

La mayoría de las mujeres luchan con problemas de autoestima. ¿Por qué? En pocas palabras, vivimos en un mundo caído. Uno de los grandes pecados de nuestra cultura es que intentamos encasillar a las personas. Decimos cosas como «Las mujeres no son buenas pensadoras analíticas» y «Los hombres simplemente no son sensibles». Estas etiquetas nos hacen sentir inferiores cuando no podemos, o no queremos, estar a su altura. Peor aún, limitan nuestras oportunidades de utilizar nuestros talentos.

En estos estudios exploraremos lo que significa que Dios nos haya creado como mujeres dotadas de un don único. Los estudios uno, cuatro, siete y diez estructuran la guía con personajes bíblicos que nos ofrecen inspiración y ejemplos creativos de cómo ser sensibles al llamado de Dios en los momentos difíciles de la vida. El resto de estudios examinan las cualidades de carácter que necesitamos para servir a Dios. Veremos cómo el gran amor de Cristo puede fortalecernos en medio de nuestro mundo lleno de pecado. Y sobre todo, comenzaremos a descubrir la persona que Dios quiere que seamos.

¿Te has mirado realmente al espejo últimamente? Cuando lo hagas, dale gracias a Dios por haber creado un ser humano tan extraordinario. Una mujer.

SUGERENCIAS PARA EL ESTUDIO INDIVIDUAL

1. Al iniciar cada estudio, ora para que Dios te hable a través de su Palabra.

2. Lee la introducción del estudio y responde a la pregunta o ejercicio de reflexión personal. Esto te ayudará a centrarte en Dios y en el tema del estudio.

3. Cada estudio se centra en un pasaje específico, permitiendo profundizar en el significado que el autor pretende dentro de su contexto. Lee y relee el pasaje a estudiar. Si estás estudiando un libro, te resultará útil leerlo en su totalidad antes del primer estudio. Las preguntas están redactadas utilizando el lenguaje de la Nueva Versión Internacional, por lo que te recomendamos que utilices dicha versión de la Biblia.

4. Se trata de un estudio bíblico inductivo, diseñado para ayudarte a descubrir por ti misma lo que dicen las Escrituras. El estudio incluye tres tipos de preguntas. Las preguntas de observación indagan sobre los hechos básicos: quién, qué, cuándo, dónde y cómo. Las preguntas de interpretación profundizan en el significado del pasaje. Las preguntas de aplicación ayudan a descubrir las implicaciones del texto para crecer en Cristo. Estas tres claves abren los tesoros de las Escrituras.

Escribe tus respuestas a las preguntas en los espacios proporcionados o en un diario personal. Escribir puede aportar claridad y una comprensión más profunda de ti misma y de la Palabra de Dios.

5. Puede ser bueno tener a la mano un diccionario bíblico. Utilízalo para buscar cualquier palabra, nombre o lugar que no te resulte familiar.

6. Utiliza la sugerencia de oración como guía para dar gracias a Dios por lo que has aprendido y para orar sobre las aplicaciones que te hayan venido a la mente.

7. Puede que desees pasar a la sugerencia del apartado «Ahora o después», o puede que desees utilizar esa idea para el próximo estudio.

SUGERENCIAS PARA LOS MIEMBROS DE UN GRUPO DE ESTUDIO

1. Asiste al estudio debidamente preparada. Sigue las sugerencias para el estudio individual mencionadas anteriormente. Comprobarás que una buena preparación enriquecerá enormemente el tiempo dedicado a la discusión en grupo.

2. Debes estar dispuesta a participar en la discusión. La líder de tu grupo no estará dando lecciones. Al contrario, animará a los miembros del grupo a discutir lo que han aprendido. La líder formulará las preguntas que se encuentran en esta guía.

3. Apégate al argumento que se está discutiendo. Tus respuestas deben basarse en los versículos que son el centro de la discusión y no en autoridades externas como comentarios u oradores. Estos debates se centran en un pasaje concreto de las Escrituras. Solo en algunas ocasiones deberás referirte a otras porciones de la Biblia. Esto permitirá que todas participen en el estudio en profundidad y en igualdad de condiciones.

4. Sé receptiva con los demás miembros del grupo. Escucha con atención cuando describan lo que han aprendido. Es posible que te sorprendan sus apreciaciones. Cada pregunta supone una variedad de respuestas. Muchas preguntas no tienen respuestas «correctas», sobre todo las que apuntan al significado o la aplicación. En su lugar, las preguntas nos empujan a explorar el pasaje más a fondo.

Cuando sea posible, relaciona tus comentarios con los comentarios de las demás. Asimismo, sé positiva siempre que puedas. Esto animará a participar a algunos de los miembros más titubeantes del grupo.

5. Ten cuidado de no controlar la discusión. En ocasiones estamos tan ansiosas por expresar nuestros pensamientos que dejamos muy pocas oportunidades para que las demás personas respondan. Por supuesto, ¡participa! Pero permite que las demás también lo hagan.

6. Espera que Dios te enseñe a través del pasaje que se está discutiendo y a través de los demás miembros del grupo. Ora para que pasen juntas un rato agradable y fructífero, pero también para que, como resultado del estudio, encuentren formas de actuar individualmente y/o en grupo.

7. Recuerda que todo lo que se diga en el grupo se considera confidencial y no debe comentarse fuera del mismo, a menos que se dé permiso específico para ello.

8. Si eres la líder del grupo, encontrarás sugerencias adicionales al final de la guía.

UNO

PREPARADAS PARA RECIBIR EL LLAMADO DE DIOS

La confianza apacible de María

Lucas 1:26-38, 46-55

No suelo escuchar la voz de Dios, pero recuerdo vívidamente una ocasión en la que me debatía sobre lo que sentía que él me estaba llamando a hacer. Dije: «No puedo hacer eso». (¡Qué tontería decirle eso a Dios!) Él me dijo: «Yo soy todo lo que necesitas». Sencillo. ¿No es eso propio de Dios? Sin embargo, nos pasamos toda la vida intentando comprender esta verdad.

Discusión en grupo. ¿Cómo respondes a la noción de escuchar el llamado de Dios? ¿Es algo que has experimentado o la idea de escuchar a Dios es un poco irreal?

Reflexión personal. ¿De qué te gustaría que Dios te hablara?

¿Qué temes escuchar de Dios?

En este estudio abordaremos un pasaje conocido sobre una jovencita de trece años. Intenta leerlo con una perspectiva nueva y experimenta la victoria de la decisión de María de alabar a Dios. *Lee Lucas 1:26-38, 46-55.*

1. ¿Qué pensó y sintió María cuando el ángel le habló (vv. 26-38)?

2. ¿Cómo se refleja la actitud de María en los versículos 29, 34 y 38?

¿Qué revelan los versículos 46-55 sobre el carácter de María?

3. Conociendo lo que Dios le estaba pidiendo a María, ¿cómo te sientes al leer este pasaje?

4. ¿Qué es lo que aprendemos sobre Jesús de los versículos 31-35?

5. ¿Por qué María recibe esta información sobre Elisabet (v. 36)?

6. ¿Cómo respondes al oír «para Dios no hay nada imposible» (v. 37)?

7. ¿Qué quiere decir María cuando se llama a sí misma «la sierva del Señor»?

8. Concéntrate en los versículos 45-55. ¿Qué palabras y frases expresan los sentimientos de María hacia Dios?

9. Dios está llamando a María a una tarea muy difícil. En lugar de preocuparse o quejarse, ella reconoce que él la está honrando (vv. 48-49). ¿Qué experiencia has tenido al ser llamada a una tarea honorable, pero difícil? Da un ejemplo si puedes.

10. ¿Por qué otro tipo de cosas buenas alaba María a Dios en los versículos 50-55?

11. ¿De qué manera recordar lo que Dios ha hecho en la vida de los demás puede ayudarnos a ser fieles al llamado de Dios?

12. ¿De qué manera te gustaría parecerte más a María en tu respuesta a Dios?

Ofrece oraciones de gratitud y alabanza por lo que Dios ha hecho en tu vida y en la de quienes te rodean. Ofrécete a él. Pídele que te prepare para responder a su llamado.

AHORA O DESPUÉS

13. Vuelve a leer el versículo 28. ¿Qué sentirías si Dios te llamara «tú que has recibido el favor de Dios»?

14. ¿Qué crees que siente Dios por ti? Explora esta cuestión en oración.

DOS

SATISFECHA

Cómo superar el síndrome de «si tan solo»

Filipenses 4:10-20

«Si tan solo tuviera...»

¿Cómo rellenarías el espacio en blanco? ¿Sería «un poco más de dinero»? ¿«un día libre»? ¿«alguien con quien salir»? ¿«un auto nuevo»? A veces pensamos que la satisfacción está a la vuelta de la esquina. Si solo pudiéramos tener «esa cosa», nuestras vidas estarían completas.

Pero nunca sucede.

Discusión en grupo. ¿Qué «única cosa» piensas en ocasiones que te daría satisfacción?

Reflexión personal. Sin pensarlo demasiado, menciona tres cosas por las que te sientes agradecida.

Reflexiona sobre tu respuesta. (¿Cuánto tiempo te llevó pensar en las cosas por las que estás agradecida? ¿Te vinieron a la mente rápida o lentamente? ¿Hasta qué punto eres consciente de los buenos dones de Dios?) ¿Qué aprendiste sobre ti misma?

En su carta a los filipenses, Pablo escribe sobre una satisfacción mucho más rica que la que podemos encontrar en el mundo que nos rodea. *Lee Filipenses 4:10-20.*

1. A partir de este pasaje, ¿cómo describirías el tono de la carta?

2. ¿En qué momento de tu vida podrías haber escrito una carta como ésta?

3. ¿Qué ha hecho la iglesia filipense por Pablo?

4. En los versículos 11 y 17-18 Pablo hace hincapié en que no está pidiendo más donaciones. ¿A qué crees que se debe esto?

5. ¿Qué quiere decir Pablo cuando afirma que ha aprendido «a estar satisfecho en cualquier situación» (vv. 11-13)?

6. ¿Cómo te inspira la fortaleza de Cristo en momentos de insatisfacción? Además, ¿de qué manera el apoyo de otros cristianos te motiva y fortalece?

7. ¿Qué aprendes sobre Pablo en los versículos 15 y 16?

8. ¿De qué manera ha cobrado sentido para ti el versículo 19?

9. La descripción de este pasaje sobre cómo alcanzar el contentamiento contrasta fuertemente con los mensajes que recibimos de los medios de comunicación sobre el mismo tema. ¿De qué forma estas perspectivas contradictorias dificultan la confianza en que Dios satisfará todas tus necesidades?

10. ¿Qué necesitas aprender del ejemplo de Pablo?

Pídele a Dios que te muestre las fuentes de satisfacción piadosa que te rodean.

AHORA O DESPUÉS

No permitas que pase un solo día de esta semana sin agradecer a Dios por un regalo que te traiga cada día. Aunque al principio pueda resultar difícil sentir gratitud genuina, persevera en la oración. Con el tiempo, tus sentimientos se alinearán con tus acciones.

TRES

SABIA

Los ojos de la fe

Efesios 1:3-23

La sabiduría de las mujeres se transmite de generación en generación para dar forma a nuestras mentes y corazones. He aquí algunos fragmentos de sabiduría:

> «El verdadero éxito es la voluntad de aceptar el lugar que Dios tiene hoy para nosotras». —Ann Kiemel, autora
>
> «Dios no siempre viene cuando crees que debería, pero siempre llega a tiempo». —Alex Haley, citando a su abuela
>
> «Los fantasmas de las cosas que nunca sucedieron son peores que los fantasmas de las cosas que sí sucedieron». —L. M. Montgomery, en *Emily's Quest* (*Emily triunfa*)
>
> «Ser una seguidora cercana de Jesús implica aprender a no cuestionar: "¿Cómo será todo exactamente?", sino a enfocarse en preguntar: "¿Qué debo hacer para estar lista para ello?"» —Monica Hellwig, teóloga

Discusión en grupo. ¿Cuál de los dichos anteriores te parece especialmente sabio desde tus propias creencias y experiencia? Explica tu respuesta.

¿Qué citas favoritas de mujeres añadirías a esta lista?

Reflexión personal. Piensa en algunas de las mujeres a las que se considera sabias en nuestra cultura. ¿Quién crees que es sabia? ¿Por qué?

Mientras que algunas de las mujeres que se nos ponen como modelo solo tienen sabiduría mundana, nuestro mundo está lleno de muestras de la sabiduría de mujeres piadosas. Este estudio será una oportunidad para celebrar ese hecho y reflexionar sobre cómo adquirimos la sabiduría bíblica. *Lee Efesios 1:3-14.*

1. Enumera todo lo que te dicen los versículos 4-5 sobre cómo nos creó Dios.

2. ¿Qué nos ha dado Dios en Jesucristo (vv. 6-10)?

3. ¿Qué nos ha dado Dios en el Espíritu Santo (vv. 13-14)?

4. ¿Por qué Dios nos ha dado tanto (v. 12)?

5. Lee Efesios 1:15-23. ¿Qué dones pide Pablo a Dios que conceda a los efesios?

¿Por qué necesitamos cada uno de estos dones?

6. ¿Por qué crees que Pablo oró específicamente por «el Espíritu de sabiduría y revelación»?

7. ¿Qué significa tener «los ojos de nuestro corazón iluminados» (v. 18)?

8. ¿Cómo te sientes al saber que el poder de Dios (descrito en los versículos 19-23) está a tu disposición?

9. ¿En qué área(s) de la vida sientes que podrías tener una capacidad única para ofrecer sabiduría?

10. ¿Qué crees que añade el hecho de ser mujer a tu perspectiva sobre la sabiduría?

Ora para que Dios ilumine «los ojos de tu corazón» para que «puedas conocer la esperanza a la que te ha llamado» (Efesios 1:18).

AHORA O DESPUÉS

Comprométete a hacer algo que te ayude a crecer en sabiduría y conocimiento de Cristo. Podría ser leer un libro en particular, unirte a una clase de la escuela dominical, orar regularmente con alguien o aprender más sobre la meditación de las Escrituras, el ayuno o cualquier otra cosa de la que sientas hambre espiritual de aprender.

CUATRO

FUERTE

Débora en la batalla

Jueces 4:1–5:9

«MARY SLESSOR LLEVABA SOBRE SUS HOMBROS a su bebé adoptivo. Su hijo de cinco años se aferraba a su falda, y con la mano derecha sostenía a su hijo de tres años. Por detrás chapoteaban dos niños mayores. Chapoteaban, porque caminaban a través de un manglar en África Occidental. Era de noche. No pudieron ver las serpientes que pudieran encontrarse en el camino o colgarse de los árboles en lo alto. Pero podían oír a los leopardos. Para mantener a distancia a los grandes felinos, Mary entonó himnos. Los niños cantaban los coros.

Como ningún misionero tenía el tiempo, o quizá, el valor de ir, Mary Slessor y sus hijos se trasladaron a vivir con el feroz pueblo oyokong en lo que hoy es Nigeria. Era el año 1888».*

Discusión en grupo. Comparte algunas maneras en las que has observado a mujeres demostrar un gran valor. A menudo, el coraje femenino se pasa por alto porque se manifiesta de manera diferente al de los hombres. ¿Qué opinión tienes sobre esta afirmación: te parece cierta o falsa?

Reflexión personal. ¿Quién es la mujer más valiente que conoces y por qué?

El contexto de este estudio es que los israelitas caían repetidamente en la adoración de ídolos, lo que llevaba a Dios a entregarlos a un rey malvado. Este ciclo se había repetido en varias ocasiones. *Lee Jueces 4.*

---

*Miriam Adeney, *A Time for Risking* (Portland, Ore.: Multnomah Press, 1987), pp. 147-48.

1. ¿Cómo describen estos versículos a Israel?

¿Cómo se contrasta el carácter de Débora con el de Israel (vv. 4-7)?

2. ¿Cómo ejemplifica la respuesta de Barac la actitud de Israel (vv. 8-9)?

3. ¿Cómo muestra Débora su fe y valentía en los versículos 14-16?

4. ¿Qué revela además la respuesta de Barac a su instrucción sobre el carácter de Débora?

5. ¿Cómo muestra Jael su valor e iniciativa en los versículos 17-22?

6. ¿La situación y la acción de Jael se parecen o difieren de tu vida actual? ¿Por qué?

7. Repasando el capítulo 4, ¿cuáles son los resultados del acto de valentía de Débora?

8. El capítulo 5 es el relato poético que hace Débora de la batalla. *Lee Jueces 5:1-9.* ¿Qué dice ella sobre Dios en estos versículos?

9. ¿Qué aprendieron Débora y Barac acerca de seguir a Dios?

10. ¿Qué te ha enseñado sobre Dios dar un paso adelante en la fe?

11. ¿En qué áreas de tu vida te gustaría actuar con coraje?

Ora para tener valor en las áreas que te han venido a la mente.

AHORA O DESPUÉS

Esta semana, busca una manera creativa de elogiar a una mujer que conozcas y que haya mostrado un gran valor.

CINCO

CONFIABLE

De pie ante el mundo

Lucas 16:1-15

INTELIGENTES. A LA MODA. Conscientes. Tecnológicamente alfabetizados. Éstas son las cualidades de los protagonistas que dirigen nuestra sociedad. *¿Confiables?* La palabra suena casi anticuada a nuestros oídos.

Discusión en grupo. ¿Qué significa ser digno de confianza? ¿Cuáles son las cualidades de una persona digna de confianza?

Reflexión personal. ¿Qué experiencias has tenido al depositar tu confianza en alguien que no es digno de confianza? ¿Qué se siente?

En la parábola de Cristo, ser digno de confianza va más allá de simplemente evitar comportamientos negativos como robar, mentir y engañar. Ser digno de confianza implica comportamientos activos. Debemos aprovechar al máximo lo que se nos ha confiado, utilizando nuestras habilidades únicas para cumplir con este propósito. *Lee Lucas 16:1-15.*

1. ¿Qué palabras clave destacan los temas principales de este pasaje?

2. ¿Qué pensamientos o sentimientos habrías tenido tú si fueras uno de los discípulos que escucharon esta historia?

3. ¿Por qué iban a despedir al administrador (vv. 1-2)?

4. Describe la medida que tomó el administrador (vv. 3-7).

5. ¿Qué beneficio esperaba recibir el administrador de sus acciones (vv. 3-4)?

6. ¿Por qué el amo elogió al administrador (vv. 8-9)?

7. A partir de este pasaje, explica la diferencia entre ser «deshonesto» y ser «astuto».

8. ¿Cuáles son los principios que Jesús destaca en los versículos 10-13?

9. ¿Cómo se relaciona la enseñanza de Jesús en los versículos 9-13 con la historia que contó?

10. ¿De qué manera los valores del mundo (v. 5) hacen difícil ser una mujer digna de confianza?

11. ¿Cómo podrías hacer un mejor uso de lo que se te ha confiado?

Pídele a Dios que te moldee hasta convertirte en una persona a la que él pueda llamar digna de confianza.

AHORA O DESPUÉS

Comienza a reflexionar sobre tus propios motivos en el trabajo y en tus relaciones. ¿Estás siendo una administradora astuta de los recursos que se te han confiado? ¿O estás actuando deshonestamente contigo misma y con los demás en busca de tus propios intereses?

SEIS

PERDONADORA

Empezando contigo misma

Mateo 7:1-2; Salmo 51

Las mujeres sienten una considerable presión para «comportarse bien». Un vistazo a una clase de niños de cinco años pone de manifiesto rápidamente cómo se socializa de manera diferente a niños y niñas. Las niñas suelen aprender a buscar la aprobación a través de la conformidad con las normas, mientras que los niños son alentados a llamar la atención al desafiarlas. Esto puede conducir a que las mujeres adultas, especialmente las cristianas, adopten una actitud crítica. Cuando alguien nos lastima, es fácil caer en la amargura. Para quienes hemos estado enfocadas en «comportarnos bien», el perdón puede resultar complicado.

Discusión en grupo. ¿Qué expectativas y actitudes crees que contribuyen a los sentimientos de superioridad moral?

Reflexión personal. Al comenzar este estudio, escudriña tu corazón: ¿A quién necesitas perdonar?

Las enseñanzas de Jesús en el Sermón del Monte abarcan muchos temas relativos a nuestras actitudes interiores y acciones exteriores. *Lee Mateo 7:1-2* para establecer el contexto del estudio.

1. ¿Cómo te sientes al leer estos versículos?

2. ¿Qué crees que quiere decir Jesús cuando afirma que seremos juzgados según juzguemos a los demás?

3. *Lee el Salmo 51.* Por el lenguaje y el tono de este salmo, ¿cómo describirías los sentimientos de David sobre sí mismo en el momento en que lo escribió?

¿De qué manera te identificas con esos sentimientos?

4. ¿Qué se revela sobre la relación de David con Dios en estos versículos?

5. Concéntrate en la frase del versículo 3: «siempre tengo presente mi pecado». ¿Cómo ayudaría esta actitud a evitar una actitud sentenciosa?

6. ¿Cómo ayudan las cualidades descritas en el versículo 6 a contrarrestar el pecado?

7. ¿Qué tipo de cambios quiere ver David en su interior (vv. 7-12)?

¿Cuáles de ellos te gustaría ver en ti misma?

8. ¿Qué espera lograr David al apartarse del pecado según los versículos 13-15?

¿Cómo has visto que esto sea cierto en tu vida o en la de otros?

9. ¿Qué significados diferentes tiene la palabra *sacrificio* en los versículos 16-19?

¿Qué revela esto sobre lo que Dios quiere de nosotros?

10. ¿Cómo te ayudaría cultivar las actitudes aquí descritas a ser una persona que perdona (que no juzga)?

Ora, confesando tu pecado y pidiendo ser una persona que ofrece gracia a otros que pecan.

AHORA O DESPUÉS

Si has pensado en alguien a quien necesitas perdonar o en una situación donde debes practicar el perdón, conviértelo en un enfoque de oración y acción esta semana. Si has reconocido un pecado propio hacia otra persona o hacia Dios, confiésalo en oración y, si lo deseas, también a una amiga de confianza.

SIETE

INGENIOSA

El rescate creativo de Abigaíl

1 Samuel 25:1-42

QUILTERS **ES UN MUSICAL** que describe la vida de los primeros colonos del Oeste americano desde una perspectiva femenina. Una madre anciana confecciona a sus hijas una colcha en la que cada retazo representa un aspecto de su vida. Cuenta historias desesperadas de cómo remendaba hasta altas horas de las frías noches para asegurarse de que su familia tuviera un abrigo adecuado. Describe reuniones comunitarias para confeccionar colchas para otras personas necesitadas. Por último, describe hermosos edredones festivos confeccionados en honor de los momentos de celebración de su vida. Las colchas son sólo un ejemplo del ingenio y la creatividad que nuestras antepasadas modelaron para nosotras.

Discusión en grupo. Proporciona un ejemplo de cómo una mujer que conozcas demuestra ser ingeniosa.

Reflexión personal. ¿Cuáles son algunas de las formas en que las mujeres suelen ser ingeniosas que la sociedad en general podría pasar por alto?

En este estudio conoceremos a una mujer piadosa que utilizó su propio ingenio para salvar a su familia. *Lee 1 Samuel 25:1-42.*

1. ¿Qué palabras y frases a lo largo del pasaje describen a Nabal?

¿Cómo sería estar casada con un hombre así?

2. ¿Por qué David se sintió justificado al pedir regalos a Nabal (vv. 7- 8, 15-16, 21)?

3. ¿Qué revela la respuesta de Nabal sobre él (vv. 10-11)?

4. ¿Qué se puede inferir sobre la casa de Nabal a partir de la manera en que el criado se dirige a Abigaíl en los versículos 14-17?

5. ¿A qué necesidades y preocupaciones contrapuestas se enfrenta Abigaíl en este momento?

¿En qué sentido te identificas con su situación?

6. Describe las acciones de Abigaíl en los versículos 18-31.

7. ¿Qué es lo que revelan las palabras y acciones de Abigaíl sobre ella?

¿De qué manera es éste un ejemplo del ingenio de las mujeres?

8. ¿Cómo responde David a ella (vv. 32-35)?

9. ¿En qué áreas te ha concedido Dios recursos con los que puedes servir a los demás?

¿Cómo puedes utilizar mejor tus recursos?

Ora pidiendo sabiduría para discernir cómo utilizar tus recursos e ingenio para servir a Dios.

AHORA O DESPUÉS

Ya sea que se trate de un compromiso grande o pequeño, busca formas de poner en práctica las habilidades que consideraste en respuesta a la pregunta 9.

OCHO

HERMOSA

El tejido de la santidad

1 Pedro 3:1-7

¿CUÁLES SON ALGUNOS DE LOS MENSAJES que hemos recibido sobre la belleza? Puede que sintamos que deberíamos parecernos a las mujeres del número de trajes de baño de *Sports Illustrated* o a las modelos de Victoria's Secret. O tal vez recuerdes a tu madre diciendo algo como «La belleza se refleja en lo que se hace». ¿Cómo define Dios la belleza de una mujer?

Discusión en grupo. ¿Cuáles son algunas de las formas en que el mundo define la *belleza*?

¿Cómo puede utilizarse el deseo de estar a la altura de las definiciones mundanas de la belleza para controlar o manipular?

Reflexión personal. ¿Cuándo te sientes bella (o al menos bastante bien contigo misma)?

El siguiente pasaje revela la perspectiva de Dios sobre la belleza interior y la belleza exterior. *Lee 1 Pedro 3:1-7.*

1. ¿Cuáles son las características de una mujer santa según este pasaje?

2. ¿Qué respuesta emocional tienes al leer este pasaje?

3. ¿Qué significa ser «sumisa» tal como se describe aquí (vv. 1-2, 5-6)?

¿En qué sentido haría esto bella a una persona?

4. ¿Cómo definen los versículos 3-4 la *belleza*?

5. ¿Implican estos versículos que no debemos maquillarnos ni llevar joyas, gastar dinero en ropa bonita, etc.? Explica tu respuesta.

6. ¿Cómo equilibras la cantidad de tiempo y energía que dedicas al cuerpo frente a la que dedicas al espíritu?

¿Qué te ayuda a equilibrar tus necesidades físicas y espirituales con las demás exigencias de tu vida? (¿Consideras que el tiempo dedicado a los amigos, la familia y el trabajo te dificultan atender tus propias necesidades?)

7. ¿En qué aspectos es Sara un modelo que deberíamos emular? Apóyate tanto en los versículos 5-6 como en tu conocimiento de Sara en el Antiguo Testamento.

8. El versículo 7 describe la respuesta del marido. ¿Cómo se deriva esta respuesta de la piedad de la esposa?

9. ¿De qué manera la descripción de la belleza en este pasaje es compatible con la definición de belleza del mundo?

¿De qué manera es incompatible?

10. ¿Cuándo te has sorprendido y alegrado al ver que el mundo reconoce a una mujer piadosa?

11. ¿De qué manera(s) necesitas cambiar tu definición de la belleza?

12. ¿De qué manera(s) necesitas cambiar tu actitud hacia tu propia belleza?

Ora para que la belleza del Señor florezca en ti como testimonio de su obra a todos los que conozcas.

AHORA O DESPUÉS

Prueba el siguiente ejercicio, por tu cuenta o con otras personas, para empezar a observar cómo consideras el cuerpo que Dios te ha dado. Nombra un don que tengas en cada una de estas áreas. Las listas siguientes te ayudarán a empezar:

FÍSICO	EMOCIONAL	MENTAL	ESPIRITUAL
pies	escuchar	recordar	orar
manos	constancia	analizar	animar
figura	paciencia	comparar	sanar
rostro	empatizar	contrastar	enseñar
boca	apoyar	calcular	meditar
cabello	comprender	interpretar	dar

¿Cómo te sentiste al hacer este ejercicio? ¿avergonzada? ¿satisfecha? ¿animada? ¿Te resultó fácil o difícil?

NUEVE

CONFIADA

Pruebas de fe

Hebreos 10:19-25, 32-36

Las mujeres escriben sus autobiografías de forma muy diferente a los hombres. Incluso cuando han tenido mucho éxito, se disculpan por sus debilidades e intentan explicarlas, en lugar de centrarse en los aspectos positivos.*

Se trata de un hecho revelador. Y es uno de los muchos indicios que sugieren que las mujeres pecan a menudo no por exceso de confianza, sino por *falta de* ella. Podemos pensar que estamos siendo humildes y rectas. En realidad no estamos dispuestas o somos incapaces de confiar en nosotras mismas. En el proceso revelamos también nuestra falta de confianza en Dios.

Discusión en grupo. ¿Qué personaje de cine o televisión te muestra confianza? ¿Por qué?

Reflexión personal. ¿Cuándo te resulta fácil expresar confianza en ti misma?

¿Cuándo te resulta difícil?

Lee Hebreos 10:19-25.

*Carolyn Heilbrun, *Writing a Woman's Life* (Nueva York: W. W. Norton, 1988), p. 22, citado en Mary Ellen Ashcroft, *Temptations Women Face* (Downers Grove, Ill.: InterVarsity Press, 1991), p. 29.

1. ¿Qué nos indican estos versículos sobre cómo podemos acercarnos a Dios?

2. ¿Por qué los lectores originales de esta carta habrían experimentado esto como un gran privilegio (vv. 19-21)?

3. Según el versículo 22, ¿qué se necesita para acercarse a Dios?

4. Describe a una persona que conozcas que se «mantiene firme» en la fe.

5. ¿Qué dicen los versículos 24-25 sobre cómo el cuerpo de Cristo nos da confianza?

¿Cómo te ha dado confianza personalmente el cuerpo de Cristo?

6. *Lee Hebreos 10:32-36.* ¿Qué situación se describe en los versículos 32-34?

¿Cómo se animaban unos a otros a mantener la fe?

7. ¿Cómo se relaciona la confianza de una mujer en sí misma con su capacidad para mantener la confianza en Dios?

8. ¿Cuándo te sientes tentada a «tirar tu confianza por la borda»?

9. ¿Qué te permite mantener la confianza en Cristo?

Da gracias a Dios por «cuán incomparable es la grandeza de su poder a favor de los que creemos» (Efesios 1:19).

AHORA O DESPUÉS

Considera cuál es tu propio nivel de confianza. ¿Hasta qué punto permites que esa falta de confianza te impida servir a Dios? Confiesa tus dificultades a Dios. Pídele que te dé fuerza y fe para que puedas utilizar al máximo los dones que se te han concedido.

DIEZ

PREPARADAS PARA LA GRACIA DE DIOS

La redención de Rut y Noemí

Rut 1 y 4

¿HAS ESTUDIADO ALGUNA VEZ A LA MUJER de Proverbios 31? Parece tenerlo todo: empresaria, madre, mujer de Dios. Puede ser abrumador tratar de estar a la altura del ejemplo que ella nos da. Puede ser abrumador estudiar todos los rasgos de carácter descritos en esta guía. Dios lo sabe. Y la realidad es que por muy piadosas que seamos, la vida puede (y lo hará) derrumbarse de diversas maneras. En esos momentos se pone a prueba la calidad de nuestro carácter. Pero lo más importante es que se nos recuerda que, hagamos lo que hagamos, solo Dios puede redimir.

Discusión en grupo. ¿Cuándo te parece que la vida es más injusta para ti o para los demás?

Reflexión personal. ¿Cuándo te has sentido amargada con Dios? ¿Por qué?

Recurrimos al libro de Rut para conocer la historia de dos mujeres que se encontraron solas y sin recursos. Al leer este relato, ten en cuenta que Moab era un país pagano y Belén un país judío. *Lee Rut 1.*

1. Fíjate bien en la información geográfica que aquí se da. ¿Qué habría sido difícil en la situación de Rut?

2. ¿Cómo parece ser Noemí según este pasaje?

3. ¿De qué manera te identificas con la reacción de ella ante su situación en este momento (vv. 11-13, 19-21)?

4. ¿Qué revela de ella el discurso de Rut en los versículos 16-18?

5. ¿Qué admiras de Rut por lo que has visto de ella hasta ahora?

6. La situación de Rut y Noemí es un recordatorio de que, por muy excelente que sea nuestro carácter o nuestra relación con Dios, a veces la vida puede desmoronarse. ¿Cómo te sientes cuando te enfrentas a esta realidad?

7. *Lee Rut 4.* En el capítulo 3 Rut le pidió a Booz que le sirviera de pariente redentor casándose con ella. En el capítulo 4 vemos a Booz dando primero la oportunidad a un pariente más cercano, como era culturalmente apropiado. Describe el intercambio entre Booz y el otro pariente.

8. Examina 4:13-17. ¿Cómo ha redimido Dios lo que se había perdido en las vidas de Noemí y Rut?

9. ¿En qué sentido el término *pariente redentor* es adecuado para lo que vemos que sucede aquí?

10. Esta es una historia tanto de lo mal que puede ir la vida como de la manera en que Dios puede redimirla más allá de nuestras expectativas más descabelladas. ¿De qué manera puede ser esta historia un estímulo para ti?

Ofrece alabanzas a nuestro Dios, que siempre promete redimir.

AHORA O DESPUÉS

Reflexiona sobre la poderosa palabra *redimir*. ¿Qué te gustaría que Dios redimiera en tu vida? Háblale de ello.

NOTAS DEL LÍDER

Te basta con mi gracia.

2 CORINTIOS 12:9

Dirigir una discusión bíblica puede ser una experiencia agradable y gratificante. Pero también puede dar miedo, sobre todo si nunca lo has hecho antes. Si este es tu sentir, estás en buena compañía. Cuando Dios le pidió a Moisés que sacara a los israelitas de Egipto, él respondió: «¡Señor…, te ruego que envíes a alguna otra persona» (Éxodo 4:13). Lo mismo ocurrió con Salomón, Jeremías y Timoteo, pero Dios los ayudó a pesar de sus debilidades, y también te ayudará a ti.

No es necesario ser un experto en la Biblia o un profesor formado para dirigir una discusión bíblica. La idea que subyace a estos estudios inductivos es que el líder guíe a los miembros del grupo para que descubran por sí mismos lo que la Biblia tiene que decir. Este método de aprendizaje permitirá a los miembros del grupo retener mucho más de lo que se comparte, en comparación con una conferencia.

Estos estudios están diseñados para ser dirigidos con facilidad. De hecho, el flujo de preguntas a través del pasaje, de la observación a la interpretación y a la aplicación, es tan natural que puedes tener la sensación de que los estudios se guían solos. Esta guía de estudio también es flexible. Puedes utilizarla con una gran variedad de grupos: estudiantes, profesionales, vecinales o eclesiásticos. Cada estudio dura entre cuarenta y cinco y sesenta minutos en grupo.

Hay que conocer algunos datos importantes sobre la dinámica de grupo y el fomento de la discusión. Las sugerencias enumeradas a continuación deberían permitirte desempeñar de forma eficaz y amena tu papel como líder.

PREPARACIÓN DEL ESTUDIO

1. Pide a Dios que te ayude a comprender y aplicar el pasaje en tu propia vida. A menos que esto ocurra, no estarás preparada para dirigir a las demás. Ora también por los distintos miembros del grupo. Pide a Dios que abra sus corazones al mensaje de su Palabra y los motive a la acción.

2. Lee la introducción de la guía completa para tener una visión general de todo el libro y de los temas que se explorarán.

3. Al comenzar cada estudio, lee y relee el pasaje bíblico asignado para familiarizarte con él.

4. Esta guía de estudio se basa en la Nueva Versión Internacional de la Biblia. Te ayudará a ti y al grupo si utilizas esta traducción como base para tu estudio y discusión.

5. Analiza cuidadosamente cada una de las preguntas del estudio. Dedica tiempo a meditar y reflexionar mientras consideras cómo responder.

6. Escribe tus pensamientos y respuestas en el espacio proporcionado en la guía de estudio. Esto te ayudará a expresar con claridad tu comprensión del pasaje.

7. Puede resultarte útil tener al alcance un diccionario bíblico. Utilízalo para buscar cualquier palabra, nombre o lugar que no te resulte familiar.

8. Piensa en cómo puedes aplicar la Escritura a tu vida. Recuerda que el grupo seguirá tu ejemplo a la hora de responder a los estudios. Ellas no profundizarán más que tú.

9. Una vez que hayas terminado tu propio estudio del pasaje, familiarízate con las notas del líder para el estudio que estás dirigiendo. Éstas están diseñadas para ayudarte de diversas maneras. En primer lugar, indican el propósito que el autor de la guía de estudio tenía en mente al escribir el estudio. Tómate tu tiempo para pensar en cómo las preguntas del estudio funcionan juntas para lograr ese propósito. En segundo lugar, las notas proporcionan información de fondo adicional o sugerencias sobre la dinámica de grupo para varias preguntas. Esta información puede ser útil cuando la gente tenga dificultades para entender o responder a una pregunta. En tercer lugar, las notas del líder pueden alertarte sobre posibles problemas que puedas encontrar durante el estudio.

10. Si deseas recordar algo mencionado en las notas del líder, escribe una nota personal debajo de esa pregunta del estudio.

DIRECCIÓN DEL ESTUDIO

1. Comienza el estudio a tiempo. Inicia con una oración, pidiendo a Dios que ayude al grupo a comprender y aplicar el pasaje.

2. Asegúrate de que todos los miembros del grupo disponen de una guía de estudio. Anima al grupo a prepararse de antemano para cada discusión leyendo la introducción de la guía y trabajando con las preguntas del estudio.

3. Al inicio de la primera reunión, explica que estos estudios están diseñados para fomentar la discusión, no para impartir conferencias. Estimula a los miembros del grupo a participar. Sin embargo, no presiones a aquellos que puedan mostrarse vacilantes a la hora de hablar durante las primeras sesiones. Puedes sugerir al grupo las siguientes directrices.

- Limítate a tratar el tema.
- Tus respuestas deben fundamentarse en los versículos que constituyen el centro de la discusión y no en autoridades externas como comentarios u oradores. Estos estudios se centran en un pasaje concreto de las Escrituras. Solo en algunas ocasiones podrás referirte a otras porciones de la Biblia. Esto permite que todos participen en el estudio en profundidad en igualdad de condiciones.
- Todo lo dicho en el grupo se considera confidencial y no se comentará fuera del grupo a menos que se dé un permiso específico para hacerlo.
- Nos escucharemos atentamente unas a otras y daremos tiempo para que cada persona presente pueda hablar.
- Oraremos unas por otras.

4. Pide a un miembro del grupo que lea la introducción al inicio de la discusión.

5. Todas las sesiones comienzan con una pregunta para discutir en grupo. La pregunta o actividad está pensada para ser utilizada antes de la lectura del pasaje. La pregunta introduce el tema del estudio y anima a los miembros del grupo a empezar a abrirse. Anima a participar al mayor número posible de miembros y prepárate para poner en marcha la discusión con tu propia respuesta.

Esta sección está diseñada para revelar dónde nuestros pensamientos o sentimientos necesitan ser transformados por las Escrituras. Por eso es especialmente importante no leer el pasaje antes de plantear la pregunta de debate. El pasaje tendrá la tendencia a matizar las reacciones que la gente daría de otro modo porque, por supuesto, se supone que piensan como lo hace la Biblia.

Quizá desees complementar la pregunta de debate en grupo con un rompehielos para ayudar a la gente a sentirse cómoda.

También puedes utilizar la pregunta de reflexión personal con tu grupo. Concede un tiempo de silencio para que la gente responda individualmente o discútela en grupo.

6. Pide a un miembro del grupo (o a otros miembros si el pasaje es largo) que lea en voz alta el pasaje que se estudiará. A continuación, concede a las personas unos minutos para volver a leer el pasaje en silencio para que puedan comprenderlo todo.

7. La pregunta 1 suele ser una cuestión general destinada a revisar brevemente el pasaje. Anima al grupo a examinar todo el texto, pero procura evitar que se desvíen con preguntas o temas que se abordarán más adelante en el estudio.

8. Cuando formules las preguntas, ten en cuenta que están diseñadas para ser utilizadas tal y como están escritas. Puedes limitarte a leerlas en voz alta. O quizá prefieras expresarlas con tus propias palabras.

Habrá ocasiones en las que sea conveniente desviarse de la guía de estudio. Por ejemplo, es posible que una pregunta ya haya sido respondida. Si es así, pasa a la siguiente pregunta. O puede que alguien plantee un interrogante importante no contemplado en la guía. Toma tiempo para discutirlo, pero intenta que el grupo no se desvíe del tema.

9. Evita contestar tus propias preguntas. Si es necesario, repítelas hasta que se comprendan claramente. O señala algo que hayas leído en las notas del líder para aclarar el contexto o el significado. Un grupo impaciente se vuelve rápidamente pasivo y silencioso si piensa que el líder será la que más hable.

10. No sientas miedo ante el silencio. La gente puede necesitar tiempo para pensar en la pregunta antes de formular sus respuestas.

11. No te conformes con una sola respuesta. Pregunta: «¿Qué piensan los demás?» o «¿Algo más?» hasta que algunas personas hayan respondido a la pregunta.

12. Reconoce todas las contribuciones. Intenta ser afirmativa siempre que sea posible. Nunca rechaces una respuesta. Si está claramente fuera de lugar, pregunta: «¿Qué versículo te ha llevado a esa conclusión?» o de nuevo: «¿Qué opinan las demás?».

13. No esperes que todas las respuestas vayan dirigidas a ti, aunque es probable que esto ocurra al principio. A medida que las integrantes del grupo se sientan más cómodas, empezarán a interactuar de verdad entre ellas. Éste es uno de los indicios de una discusión saludable.

14. No temas la controversia. Puede resultar muy estimulante. Si no se resuelve una cuestión por completo, no te frustres. Sigue adelante y tenlo en cuenta para después. Un estudio posterior puede resolver el problema.

15. Resume periódicamente las reflexiones del grupo sobre el pasaje. Esto ayuda a unir las diversas ideas mencionadas y da continuidad al estudio. Pero no prediques.

16. Al final de la discusión bíblica, puedes conceder a los miembros del grupo un tiempo de silencio para trabajar en una idea bajo el epígrafe «Ahora o después». A continuación, discutan lo experimentado. O puede que desees animar a los miembros del grupo a trabajar en estas ideas entre las reuniones. Brinda oportunidad durante la sesión para que la gente hable de lo que está aprendiendo.

17. Finaliza el tiempo juntas con una oración conversacional, adaptando la sugerencia de oración del final del estudio al grupo. Solicita la ayuda de Dios para cumplir los compromisos que han adquirido.

18. Finalicen a tiempo.

COMPONENTES DE LOS GRUPOS PEQUEÑOS

Un grupo pequeño saludable debe hacer algo más que estudiar la Biblia. Hay cuatro componentes que debes tener en cuenta a la hora de estructurar su tiempo juntas.

Crecimiento. Los grupos pequeños nos ayudan a profundizar en nuestro conocimiento y amor por Dios. El estudio bíblico es fundamental para lograr esto y constituye la base de tu grupo pequeño.

Comunidad. Los grupos pequeños son un gran lugar para desarrollar amistades profundas con otros cristianos. Da tiempo para la interacción informal antes y después de cada estudio. Planifica actividades y juegos que las ayuden a conocerse. Pasen tiempo divirtiéndose juntas: yendo de picnic o cocinando juntas la cena.

Adoración y oración. El estudio se verá enriquecido si pasan tiempo alabando a Dios juntas en oración o cantando. Oren por las necesidades de los demás y lleven un registro de cómo Dios está respondiendo a la oración en el grupo. Pidan a Dios que las ayude a aplicar lo que están aprendiendo en su estudio.

Evangelización. Alcanzar a otros puede ser una forma práctica de aplicar lo que están aprendiendo, y evitará que su grupo se centre solo en sí mismas. Organiza una serie de conversaciones evangelísticas para tus amigos o vecinos. Limpien juntas el jardín de un amigo anciano. Sirvan juntas en un comedor social o pasen un día trabajando en una asociación.

ESTUDIO 1. PREPARADAS PARA RECIBIR EL LLAMADO DE DIOS. LUCAS 1:26-38, 46-55.

PROPÓSITO: Extraer enseñanzas de la obediencia inmediata de María al llamado de Dios.

Nota general. «En el judaísmo, las "vírgenes" eran jóvenes doncellas, generalmente de catorce años o menos. El término que Lucas utiliza aquí para "virgen" también insinúa que ella aún no había tenido relaciones sexuales con un hombre» (Craig Keener, *The Bible Background Commentary: New Testament* [Downers Grove, Ill.: InterVarsity Press, 1993], p. 190).

Pregunta 1. Busca información en el pasaje: María «se perturbó», «se preguntaba» (v. 29) y el ángel le dijo, «no tengas miedo» (v. 30). A continuación, utiliza tu imaginación para pensar cómo habría sido para María escuchar estas palabras. Steve Hayner resume algo de lo que María habría experimentado: «miedo (¿quién no temblaría ante la aparición de Gabriel en su patio trasero?), confusión (¡la educación sexual nunca la había preparado para esto!), el rechazo (a las familias y a los prometidos les cuesta entender este tipo de cosas) y, sin duda, algo de soledad («Notes from the Journey», InterVarsity Christian Fellowship, diciembre de 1999).

Pregunta 5. Craig Keener lo expresa de esta manera: «El sentido de 1:36-37 es que Dios, que actuó con Elisabet como lo hizo con Sara, aún podría hacer cualquier cosa» (*Bible Background*, p. 190). La historia de Sara se encuentra en Génesis 18:9-15.

Quizá te resulte interesante comparar la respuesta de Zacarías en la sección inmediatamente anterior (Lucas 1:11-25) con la respuesta de María.

Pregunta 6. Anima a dar respuestas sinceras a este versículo clave. Algunas pueden estar en un lugar de la vida en el que esto sea difícil de creer o aceptar. Algunas pueden sentir que Dios las ha abandonado o defraudado. Otras pueden estar en un lugar de fe fuerte y tener historias que compartir sobre la redención de Dios.

Pregunta 7. Anima a las integrantes del grupo a describir con sus propias palabras lo que significa ser sierva de Dios.

Steve Hayner escribe sobre María: «No es que ella nunca cuestionara las intenciones de Dios ni sus planes. Pero de alguna manera María sabía que su vida no era finalmente suya. "En la vida y en la muerte", dice una gran confesión de la Iglesia, "pertenecemos a Dios". María creyó en esta verdad y la liberó de la esclavitud de todo lo demás. Pudo desprenderse de la preocupación, la frustración, el miedo, la ambición mundana, los celos de la vida de los demás, los aparentes fracasos e incluso el control que ella, como tantos de nosotros, probablemente ansiaba» («Notes»).

Pregunta 8. Si crees que tu grupo se sentirá cómodo, haz una pausa aquí e inicia con unos minutos de oración y meditación individual en silencio para que estas poderosas palabras puedan hacer efecto antes de discutirlas.

Pregunta 9. Esta pregunta puede parecer extraña porque podemos ver que es un honor portar al Hijo de Dios. En la pregunta 4 exploramos la maravillosa verdad que Dios estaba revelando sobre quién es Jesús. Sin embargo, cuando Dios nos llama a tareas honorables en nuestras propias vidas, la dificultad puede enmascarar a veces el honor cuando escuchamos el llamado por primera vez.

ESTUDIO 2. SATISFECHA. FILIPENSES 4:10-20.

PROPÓSITO: Explorar cómo es el contentamiento y cuál es su fuente.

Pregunta 1. Fíjate en las palabras que indican la alegría de Pablo: en el versículo 10 «alegro» y en los versículos 11 y 12 «satisfecho». Expresa confianza en la provisión de Cristo en los versículos 11-13. Expresa agradecimiento por la ayuda recibida de los filipenses y buena voluntad hacia ellos (vv. 14-19).

Pregunta 3. En el versículo 15, Pablo dice que al principio de su ministerio en esa zona, los filipenses eran los únicos que le daban. Siguieron apoyándolo incluso cuando abandonó la zona (v. 16). Recientemente han enviado donativos (vv. 10, 18).

Pregunta 4. Se puede sugerir que Pablo en realidad está pidiendo donativos de forma indirecta. Sin embargo, el tono de la carta parece sinceramente agradecido. No dejes que el desacuerdo sobre esto te desenfoque.

Pregunta 5. El enfoque en la provisión de Cristo en el versículo 13 debería llevarte a una respuesta.

Pregunta 7. Pablo no está amargado a pesar de haber sido agraviado por la iglesia. Se centra en el lado positivo: los dones que le fueron concedidos. Sáltate esta pregunta si ya fue tratada en tu discusión de la pregunta 3.

Pregunta 8. Comenta formas concretas y situaciones reales en las que has experimentado que Dios satisface tus necesidades.

ESTUDIO 3. SABIA. EFESIOS 1:3-23.

PROPÓSITO: Explorar la profundidad y el poder de la verdadera sabiduría.

Pregunta 1. Fuimos elegidas antes de haber sido formadas, hemos sido hechas santas e irreprochables, y somos hechas sus hijas por medio de Jesucristo.

Pregunta 3. Craig Keener dice lo siguiente sobre el Espíritu Santo:

> Un sello de cera tendría una marca de propiedad o identificación estampada en él, identificando a quien daba fe de lo que había dentro del recipiente que había sido sellado. Dado que se entendía comúnmente que el Espíritu estaría especialmente disponible en el tiempo del fin, Pablo habla aquí del Espíritu como un «depósito» —un término utilizado en los antiguos documentos de negocios para significar un «pago inicial». Los que habían probado el Espíritu habían empezado a saborear la vida del mundo futuro que Dios había prometido a su pueblo. (*Bible Background*, p. 542)

Pregunta 5. Pide «al Espíritu de sabiduría y de revelación» (v. 17), para que los «ojos» de nuestros corazones sean «iluminados» y conozcamos la esperanza a la que nos ha llamado, la «riqueza de su gloriosa herencia» (v. 18) y su gran poder (v. 19).

Pregunta 7. La referencia literal sería a la mente o discernimiento y entendimiento. Ve más allá y considera las implicaciones de dicha comprensión.

ESTUDIO 4. FUERTE. JUECES 4:1-5:9.

PROPÓSITO: Descubrir lo que significa ser una mujer fuerte que puede influir e inspirar a la gente para gloria de Dios.

Pregunta 1. Lee Jueces 3:12-31 para conocer el trasfondo del patrón de desobediencia de Israel. Aod era el libertador de Dios de un rey malvado. Dios había entregado a Israel al rey después de que desobedecieron. Débora era profeta y, por tanto, estaba llamada a decir palabras de Dios, en este caso a Barac.

Pregunta 2. El versículo 9 nos dice que Barac actuaba cobardemente porque no confiaba en Dios.

Pregunta 3. Débora confía en el mandato del Señor a pesar de la duda de Barac. Ella le recuerda a Barac que el rey dirige el ejército (véase, por ejemplo, 1 Samuel 8:20). Esto lo estimula a entrar en acción.

Pregunta 4. Está claro que ella posee la fuerza de Dios y habla con la autoridad de Dios. Para Barac, la ventaja de tener un profeta a su lado sería la sensación de que la presencia de Dios en la batalla sería más real, y tanto las tropas como los líderes serían más optimistas.

Pregunta 5. Jael parece estar trabajando por su cuenta. Ella ha ideado una manera de hacer entrar a Sísara en la tienda. Lleva a cabo su plan con rapidez y eficacia.

Pregunta 6. Esta es una oportunidad para que las integrantes del grupo exploren su propia respuesta a esta historia. A muchas les puede parecer sorprendente y perturbadoramente violenta. No hay una respuesta correcta a esta pregunta.

Pregunta 7. Observa lo que sucede en las vidas de Débora, Barac, Jael y, especialmente, de los israelitas (vv. 23-24). Una persona que actúa con fidelidad puede tener un efecto dominó en la fe de los que la rodean.

Pregunta 8. Recordar una victoria con cánticos era una práctica tradicional (véase, por ejemplo, Éxodo 15:1-18). Los versículos 4-5 se refieren a la aparición del Señor en una nube de tormenta para conducir a Israel a Canaán (véase Éxodo 13:21).

ESTUDIO 5. CONFIABLE. LUCAS 16:1-15.

PROPÓSITO: Considerar lo que significa ser una mujer en la que los demás pueden depositar su confianza.

Pregunta 1. Observa las palabras *amo* (v. 3), *deshonesto* (v. 8), *astucia* (v. 8), *deshonestas* (v. 9), *riquezas* (v. 9), *fieles* (v. 11) y *sirviente* (v. 13).

Pregunta 3. Al parecer, el administrador estaba siendo derrochador y negligente con los negocios de su amo (v. 1). En el versículo 8 también se le llama «deshonesto».

Pregunta 4. Es posible que el amo estuviera cobrando de más a los deudores porque la ley mosaica no le permitía cobrar intereses. Así pues, el administrador puede haberse limitado a devolver las deudas a sus importes originales y satisfacer tanto al amo como a los deudores. O puede que el gestor estuviera engañando a su amo al no cobrar lo que se le debía. De cualquier forma, el administrador estaba planificando sabiamente su propio futuro (Kenneth Barker, ed., *The NIV Study Bible* [Grand Rapids, Mich.: Zondervan, 1985], p. 1571).

Pregunta 5. Sabiendo que se iba a quedar sin trabajo, el administrador planificó el futuro rebajando las deudas de los que debían dinero a su amo. Esto hizo que los deudores se sintieran obligados con él.

Pregunta 7. En este pasaje Jesús equipara la astucia con una cuidadosa planificación y la habilidad para hacer tratos. La deshonestidad se compara con el despilfarro y la negligencia (v. 1).

Pregunta 8. La referencia literal sería a la mente o discernimiento y entendimiento. Ve más allá para considerar las implicaciones de dicha comprensión.

Pregunta 9. En el versículo 9, Jesús señala que la única manera de que el administrador se asegure un hogar celestial es empezar a utilizar bien los recursos en la vida cotidiana. «Riqueza mundana» se refiere no solo al dinero sino a todas las cosas de este mundo. «Aunque estas cosas —tus bienes, tu habilidad, tu tiempo— pertenecen solo a esta vida, dice Jesús, lo que te sucederá entonces, cuando pases a esa vida [eterna], dependerá de lo que hagas con ellas aquí y ahora. Asegúrate de que el uso que hagas de ellos te lleve a una comunión que sobrevivirá más allá de la muerte» (Michael Wilcock, *The Message of Luke* [Downers Grove, Ill.: InterVarsity Press, 1979], p. 160).

ESTUDIO 6. PERDONADORA. MATEO 7:1-2; SALMO 51.

PROPÓSITO: Comprender lo que significa perdonar a los demás como Dios nos ha perdonado y ser conscientes de nuestro propio pecado.

Nota general. El trasfondo del Salmo 51 es 2 Samuel 11–12. David cometió adulterio con Betsabé y luego mandó asesinar a su marido para tratar de encubrirlo. En el capítulo 12 Natán se enfrenta a David y éste empieza a comprender lo que ha hecho ante Dios.

Pregunta 2. Craig Keener dice que «los que pretenden juzgar a los demás ahora responderán entonces por usurpar la posición de Dios» (véase también 6:12-15). Tendemos a aplicar las enseñanzas a los demás en lugar de a nosotros mismos. Sin embargo, Jesús señala que «somos objetos de la evaluación de Dios, y Dios evalúa con más gracia a los mansos, que reconocen sólo a Dios como juez». Al mismo tiempo, Keener nos recuerda que Jesús no está sugiriendo que no debamos «discernir la verdad del error (véase 7:15-23)» ni ofrecer la corrección adecuada (*Matthew*, IVP New Testament Commentary [Downers Grove, Ill.: InterVarsity Press, 1997], pp. 156-57).

Pregunta 3. Tómate tu tiempo para leer estos versículos, ya que son muy poderosos y están cargados de un lenguaje evocador. Puedes pedir a alguien que se prepare con antelación para leerlo entero. Asimismo, concede tiempo a la gente para volver a leerlo en silencio. A continuación, ofrece una oración antes de empezar a comentarlo. Ten en cuenta que se trata de un salmo poderoso y condenatorio y que el mero hecho de ponerlo delante de la gente puede tener un profundo impacto.

Observa la fuerte súplica repetida de la gracia de Dios en el versículo 1: «misericordia», «gran amor». Y la súplica de renovación en los versículos 1 y 2: «borra», «lava», «límpiame».

Pregunta 5. Extrae de aquí verdades importantes. La conciencia de nuestro propio pecado nos ayuda a perdonar a los demás.

Pregunta 6. *The NIV Study Bible* (Biblia de estudio NVI) señala que el versículo 6 destaca el «gran contraste» entre las acciones de David y lo que Dios le ha estado enseñando. De aquí pasa a una «renovada oración de perdón» en los versículos 7-9 (Barker, *NIV Study Bible*, p. 831).

Pregunta 8. Hay aquí un interesante cambio de la vida interior de David a su testimonio exterior. Está diciendo que dará testimonio a los demás del cambio que Dios ha obrado en él. Volverse verdaderamente del pecado conlleva un poderoso testimonio: probablemente hayas visto que esto es cierto en la vida de personas que conoces.

ESTUDIO 7. INGENIOSA. 1 SAMUEL 25:1-42.

PROPÓSITO: Considerar cómo el ingenio de una mujer puede ayudar y proteger a quienes la rodean.

Pregunta 1. Nabal era un «calebita», descendiente de Caleb. Según *The NIV Study Bible* (Biblia de estudio NVI), «puesto que el nombre de Caleb puede significar "perro", Nabal es representado sutilmente como un perro además de como un tonto» (Barker, p. 412). El versículo 3 nos dice que era «insolente y de mala conducta». Sus siervos lo describen como un hombre «de mal genio» con el que nadie puede hablar (v. 17). Abigaíl también lo llama «malvado» y «necio» (v. 25).

Pregunta 2. David está pidiendo una recompensa por su protección de los hombres de Nabal cuando estaban en su territorio. Según Word Biblical Commentary, «Su delegación de diez personas... llevó a cabo un protocolo detallado y respetuoso. David se dirigió a Nabal como "mi hermano"... deseándole paz al hombre mismo, a toda su casa y a todo lo que tenía. El narrador quiere que entendamos que David no buscaba ni dañar a Nabal y a su familia ni disminuirle en nada sus fastuosas posesiones. La autodesignación de David como hijo mostraba reverencia y respeto» (Ralph W. Klein, *1 Samuel*, Word Biblical Commentary [Waco, Tex.: Word, 1983], p. 248).

Pregunta 4. En una cultura patriarcal parece inusual que el criado se hubiera acercado a Abigaíl después de que el señor de la casa ya le hubiera dado instrucciones. Además, parece esperar que ella tome alguna medida para rectificar la situación. El respeto que ya se ha ganado en su casa es una prueba más de la sabiduría y el ingenio de Abigaíl.

Pregunta 5. A nuestros ojos puede parecer que Abigaíl está encubriendo a su marido bueno para nada. Pero un «hogar» en este contexto era una unidad grande que incluía pastores y otros trabajadores. Está protegiendo a un gran grupo de personas y su propio bienestar. Al mismo tiempo, se arriesga a la ira de Nabal, de quien ya se nos ha dicho que es «malvado» (v. 17). También es arriesgado para ella ir sola al encuentro de David; probablemente está tomando su vida en sus manos.

Pregunta 6. Observa especialmente que Abigaíl actuó con rapidez (v. 18); cabalgó personalmente al encuentro de David (v. 20); mostró humildad ante David (v. 23); aceptó la culpa de lo sucedido (v. 24); pidió las bendiciones de Dios para David (vv. 26, 28-31).

Pregunta 7. Cuando Abigaíl habló con David, sus palabras fueron cuidadosamente escogidas y persuasivas. Esta acción evitó que David pasara la vergüenza de luchar contra un necio (Klein, *1 Samuel*, p. 249), que derramara sangre y que sobrepasara sus límites para obtener la victoria. Estas dos últimas cosas habrían sido un descrédito para su carácter real. «Mientras que David rechazó audazmente la oportunidad de matar a Saúl en los capítulos 24 y 26, solo la acción de Abigaíl le impide la culpa de sangre en el caso de Nabal» (Klein, *1 Samuel*, p. 251).

Pregunta 9. Considera los dones naturales y espirituales, así como los recursos físicos y materiales.

ESTUDIO 8. HERMOSA. 1 PEDRO 3:1-7.

PROPÓSITO: Descubrir cómo es la verdadera belleza y cómo podemos desarrollarla.

Nota general. Ten en cuenta que este tema y este pasaje pueden resultar difíciles para algunas integrantes del grupo. Muchas de nosotras luchamos contra la timidez y los sentimientos de inferioridad con respecto a nuestra propia belleza.

Pregunta 1. Una mujer santa es descrita como sumisa y capaz de ganarse a un incrédulo con sus palabras y acciones (v. 1). Tiene pureza y reverencia (v. 2). No es llamativa ni ostentosa (v. 3). Su belleza viene del interior, reflejando un «espíritu humilde y apacible» (v. 4).

Pregunta 2. Hay numerosos aspectos de este pasaje ante los que la gente podría tener una fuerte reacción. Muchas se han consumido con las enseñanzas sobre la sumisión, que exploraremos más a fondo en la pregunta 3. Otras pueden reaccionar ante el alto nivel de pureza y belleza interior que aquí se establece, tal vez incluso sintiendo que tales expectativas son falsas. Algunas pueden sentirse juzgadas por las sugerencias del versículo 3, que exploraremos más adelante en su contexto cultural. A algunas puede parecerles liberador la sencillez de este texto. Es mucho más directo que los detallados secretos de belleza mensuales que encontramos en revistas como *Cosmopolitan*.

Pregunta 3. «Sumisa» aquí no implica un estatus inferior o menor. Más bien, el pasaje en su conjunto parece sugerir una actitud cortés que se preocupa por las necesidades de los demás. Algunas pueden interpretarlo como una referencia al principio de «jefatura» al que se alude en Efesios 5:22-33. Otras pueden centrarse en Efesios 5:21, que ordena a todos los creyentes someterse unos a otros «por reverencia a Cristo». No se trata aquí de entrar en una discusión profunda sobre los puntos de vista de la jefatura y la autoridad marital, sino de descubrir cómo un espíritu humilde y sumiso realza nuestra belleza.

Pregunta 7. Para conocer los antecedentes de Sara, véase Génesis 12:10-20 y 18:1-15.

Pregunta 8. Véase también Efesios 5:25-33 para las responsabilidades del marido.

Ahora o después. Si tu grupo es unido, puedes intentar hacerlo juntas. O deja tiempo para que cada una lo trabaje por su cuenta y después discútanlo en grupo. Incluso podrían formar parejas y rellenar el cuadro unas por otras como forma de afirmarse mutuamente.

ESTUDIO 9. CONFIADA. HEBREOS 10:19-25, 32-36.

PROPÓSITO: Encontrar la confianza en Dios y en nosotras mismas a través de la fe.

Pregunta 1. Este pasaje nos dice que podemos estar cerca de Dios por medio de la sangre de Jesús (vv. 19-20) y acercándonos a Dios con fe (v. 22).

Pregunta 2. El versículo 20 se refiere a la cortina del templo que separaba el Lugar Santo del Lugar Santísimo, donde solo podían entrar los sacerdotes (Éxodo 26:31-33). Cuando Cristo murió, se rasgó en dos

(Marcos 15:38), lo que significaba que ahora todas las personas podían entrar en la presencia de Dios.

El versículo 21 se refiere a Jesús como sacerdote. Interviene ante Dios en nuestro favor como lo haría un sacerdote según la ley del Antiguo Testamento. Como ya se ha dicho, en el templo los sacerdotes tenían ciertos privilegios, como entrar en el Lugar Santísimo para estar en presencia de Dios. A través de la sangre de Cristo todos tenemos las mismas oportunidades de acercarnos a Dios y comunicarnos con él.

Pregunta 3. Se requieren cuatro factores para acercarse a Dios: (1) un corazón sincero, (2) plena certeza de fe, (3) libertad de una conciencia culpable y (4) cuerpos lavados con agua pura. Este último requisito no se refiere a una «ceremonia externa como el bautismo, sino que [es] una figura de la limpieza interior, de la que la purificación de los sacerdotes bajo el antiguo pacto era un símbolo (véase Éxodo 30:19-21; Levítico 8:6...)». (*The NIV Study Bible* [Biblia de estudio NVI], p. 1871). Sin embargo, dependiendo de las perspectivas confesionales, los miembros del grupo pueden diferir en la interpretación del versículo 22. Algunos pueden verlo no como un símbolo sino como un recordatorio de la naturaleza sacramental del bautismo al ofrecer una limpieza interna real. De cualquier modo, la referencia al agua nos señala la necesidad de una limpieza interior.

Pregunta 5. Los versículos 24-25 nos dicen que nos animemos unos a otros al amor y a las buenas obras. Dedica un tiempo a considerar lo que esto significa. A continuación, pasa a lo que significa a nivel práctico. Por ejemplo, ¿cuándo te has sentido desafiada por otros creyentes a intentar algo nuevo como dirigir un grupo pequeño o enseñar en la escuela dominical infantil y lo has encontrado gratificante?

Pregunta 7. Si no nos vemos como poderosas, puede ser porque no creemos que seamos profundamente amadas por un Dios de poder y fuerza. Además, si no creemos tener un don único, puede ser que dudemos o descartemos el llamado de Dios hacia nosotras. Si estamos paralizadas por el pecado, incapaces de confesarlo al Señor y escuchar su perdón, entonces nuestro ministerio se verá disminuido. Por el contrario, a medida que crezcamos en nuestra confianza en Dios, crecerá nuestra capacidad de actuar con fe sabiendo que estamos llenas del mismo Espíritu del Señor al que adoramos.

ESTUDIO 10. PREPARADAS PARA LA GRACIA DE DIOS. RUT 1 Y 4.

PROPÓSITO: Recordar que es Dios quien redime nuestras vidas y no nuestras propias buenas cualidades o acciones.

Nota general. El libro de Rut es bastante breve, por lo que tal vez desees leer los capítulos 2 y 3 antes del estudio para poder rellenar cualquier laguna.

Pregunta 1. Rut deja atrás todo lo que conoce para quedarse con Noemí: su tierra, su cultura, sus amigos, incluso su religión.

Pregunta 2. Cuando leemos el libro de Rut en su conjunto, parece que Noemí era una persona muy buena. En este capítulo vemos que sus nueras están muy comprometidas con ella, muy probablemente como testimonio de Noemí. En los capítulos 2 y 3 da a Rut buenos consejos sobre Booz. Y en el capítulo 4 descubrimos que ella forma parte del linaje de David —y de Jesús. (Pero quizá no quieres discutir este aspecto hasta llegar al capítulo 4.) Al mismo tiempo, Noemí parece estar muy amargada y enfadada con Dios por su situación actual. Apegarse a alguien que expresa sentimientos como éstos puede resultar difícil.

Pregunta 8. Noemí vuelve a ganar una familia con Booz y Rut. Y gana un nieto. Y lo que es aún mejor, este niño pasa a formar parte del linaje de David —y de Jesús— al igual que Rut y Noemí. ¿Quién podía imaginar que Dios haría cosas tan maravillosas?